AF199413

GALOS,Z J

KÖNIG VOM EIS

Eine Poetische Legende

Lyrik

Impressum

Bibliografische Information der Deutschen
Nationalbibliothek:
Die Deutsche Nationalbibliothek verzeichnet diese
Publikation in der Deutschen Nationalbibliografie;
detaillierte bibliografische Daten sind im Internet über
http://dnb.dnb.de abrufbar.

© 2019 GALOS, Z J

Herstellung und Verlag: BoD – Books on Demand,
Norderstedt

ISBN: 978-3-7504-2392-3

Zorko findet den Eingang zur magischen Eiswelt

ZORKO UND ZINA

Von den Kavernen der Eiswelt

Und ihren Schlössern in den

Erweiterten magischen Gärten

Widerhallt ein leises Murmeln.

Eine kurze Melodie berührt mit

Ihrer harmonischen Schönheit

Von den Saiten eines Soloinstruments

Und endet in ihrer eigenen Kadenz

Mit eindringlichem Nachhall.

Alle Instrumente kommen dazu

Ein komplettes Orchester aus

Wassertropfen

Purzelt und fällt in dieses höhlenartige

Labyrinth tief hinunter

Und wie ein Chor der ‚Proms'

Beginnt der Berg zu singen

Zum Dirigentenstab der aufgehenden

Sonne.

Ein kraftvoll symphonischer Klang

Schüttelt das verträumte Land aus Eis

Welches plötzlich zum Leben erwacht.

Tief im Inneren der mit

Eiszapfen-behangenen Schluchten

Beginnt der tägliche Transport

Im steten Fluss

Zu immer wechselnden Gebilden

Die schmelzen und gleiten

Schillernde Farben scheinen

Zu steigen und zu fallen

Wie die Schleier von Salomes Tanz

In dieser luziden Welt aus Schnee

Und vielschichtigem Eis

Bewegt und verschoben durch

Unsichtbare Hände.

Ein Ballett von gefrorenen Tänzern

Erwacht und eilt rasch zu ihrer lebendigen

Routine

Als die Vorführung sich vorbereitet

Für König Noro und seine Königin

Des Eises: Süße Nora in einem

Schneeflocken-Kleid.

Nun da der Berg endlich erwacht

Seine gigantischen Türme aus

Rotem Stein

Speichern die berstenden Energien

Der Sonne

Für einen weiteren Tag

Um dieses Land der glitzernden

Schlösser zum Leben zu bringen.

Eine Welt von unsagbaren

Reichtümern

Öffnet ihre Portale all denen

Die ihre mystische Herrlichkeit

Sehen können

Die himmlische Musik ihres

Verwickelten Uhrwerksspiels

Zu hören vermögen

Und die Berührungen ihrer magischen

Kontinuierlich wechselnden Szenerien

Fühlen können

Aber am allermeisten:

Wenn du Glück hast

Den majestätischen König vom Eis

Und seine bezaubernde Fee

Die Königin vom Eis – Nora –
die Königin aller Feen der Eiswelt
Zu erblicken.

Ihre Neon-Reklamen schwingend

Rufen sie die Außenwelt herauf

Zur Rummelplatzmusik erwachen

Die Giganten aus ihren tief in den

Fels gehauenen Festungen

Ihre Glieder erwachen stetig

Und als sie sich bewegen und aufrichten

Streckt sich der Berg und seufzt

Nimmt Wärme auf und als es ihre

Gefrorene Positur der Eiswelt Nächte

Verliert

Entsteht eine Kakophonie von Tönen:

Das Röhren von Tieren und tägliches

Hantieren der Menschenarbeit

Füllt die grünen duftenden Täler und

Vermischt sich mit den Wasserfällen

Die in die Schluchten rauschen und

Wie Kristalle glänzen.

Ein scharfes Signal zur täglichen

Jagd vertreibt das Wild über die

Bewaldeten Hügel und Felsen.

Spannung treibt die Jäger an

Angst und Panik der Gejagten

Verbreitet sich wie Lauffeuer

Durchs ganze Land

Man hört Schüsse in der Ferne.

Im Inneren des großen

Eisbedeckten Turmes

Haben sich die Klänge verändert

In diesem hämmernden und

Schwer arbeitender Millionen

Von Ambossen

In der Gold- und Silberschmiede

Der Welt von König Noros Schätzen

Als unzählige kleine Hämmer

Die kostbaren Metalle formen

Zu Blätter und Pflanzen

Menschen und Tiere

Jede Art von Gebilde das man sich

Kaum vorstellen kann

Zum Gesang der Ambosse

Das wie ein Chor magischer Akkorde

Und reiner Stimmen

Ihre metallisch-rhythmischen Klänge

ergänzen

Bis ihre täglichen Aufträge

Pflichtbewusst und perfekt ausgeführt

Wurden:

Alle arbeiten auf einer Schatzkiste.

Die Neudekoration der Großen Noro Halle –

Eine Huldigung für ihren gerechten

Und geehrten König.

Die Thronsessel für das majestätische

Paar.

Die Kroninsignien.

Die goldenen Schuhe für die Staatsaffären.

Ihre bodenlangen Roben mit alten

Traditionellen Mustern

Die von ihren Meisterwebern gewissenhaft Produziert

werden und die sie weben

Gesponnen von den seidenen Fäden

Welche die erfahrenen Mädchen

Präparieren

Während ausgewählte Mädchen die Roben

Damit nähen und auch diese brauchen

Um die Edelsteine daran zu nähen

Welche die Krägen und die weitfließenden

Säume schmücken.

Das prunkvollste Gewand ist für die

Königin gefertigt

Ihre hüft-langen Haare sind mit tausenden

Von Perlen verflochten.

Ihr seidenes Kleid aus runden farbigen

Pailletten

Verbunden durch goldene Fäden in den

Farben eines prächtigen Pfaus

Von den geschützten Inseln.

Schlank und formschön erscheint die

Königin

Mit einem gold'nen Umhang

Der sie in einem immerwährenden

Serpentinen-design

Umhüllt.

Die Uhr schlägt zwölf und das Schloss

Öffnet sich zur Audienz

Die Fanfaren erschallen und verkünden

Die Ankunft vom König und der Königin

In ihren atemberaubenden Insignien.

König Noro und Königin Nora schweben

In die Halle Noro federleicht

Wie auf Luftkissen.

Die versammelte Menge kniet und ist

Still

Bis der königliche Herold verkündet

Dass alle sich wieder rühren dürfen.

Der König und die Königin haben sich

Auf ihre purpurbezogenen Thronsessel

Gesetzt

Um ihre regelmäßige Audienz zu führen

Dem Volk sich zuzuwenden und ihre

Lebhaften Geschichten anzuhören

Die Gaukler und Sänger zu empfangen

Die Poeten und Erzähler.

So viele sind schon hier erschienen

Und haben die Tugenden des Königs

Besungen

Besonders die Schönheit der Königin

Ihr warmes und liebevolles Lächeln

Welches alle in diesem gebirgigen

Königtum und geheimen Paradies

Verzaubert.

Aber niemals zuvor hat ein Dichter

Sich gewagt über Liebe und Leidenschaft

Zu singen

Wie Zorko vom Land der Geschichten.

Er Hält seine Lyra auf seinem gebeugten

Knie und intoniert ein Lied

Spricht den König an und lobt seine

Weisheit als gerechten Herrscher.

Dann wechselt er zu einem lyrischen Lied

Für die Königin und

Erzählt über ihre Liebe und Sorgfalt für die

Armen und das einfache Volk

Ihr goldenes Herz und ihr Mitgefühl.

Dann intoniert er seine neue Komposition

Ein Liebeslied über seinen kürzlich

Erlittenen Verlust seiner Geliebten und

Teuersten Zina:

,Ich kannte sie seit Kindheit

Wuchs mit ihr auf

Sie war eine Frühlingsblume für mich

Erblühte makellos im Schnee

Eine weiße Glockenblume im May.

Die erste mich zu Grüßen

Mit einem zart-süßen Duft

In der erfrischenden Luft.,

Auf meinem Gesicht wie ein warmer

Sonnenstrahl

War sie mein Atem des Lebens und

Mehr.

Sie berührte meine Seele und ließ

Meine Worte fair und klar aus mir

Herauskommen'.

Zorko singt für die Königin Nora und König Noro im
Palast der Eiswelt

Der Poet pausierte und wischte sich

Eine Träne von der Wange

Überwältigt von plötzlicher Emotion.

Dann fasste er sich wieder als er sah

Dass er die volle Aufmerksamkeit

Der Königin hatte.

,Oft sprach ich über meine Bewunderung

Für sie

Über meine Fürsorge und meine Absichten

Und sie würde nur lächeln und erwidern

Dass sie für mich geschaffen wurde

Sie konnte es sehen dass dies so sein

Sollte.

Aber war es denn Weise das Schicksal

Herauszufordern?

Wenn die Götter Perfektion nicht unter

Ihren Schutz nahmen?

Und dies hat Zina immer besorgt.

Zinas Vorahnung

Zorko sang viele Lieder für Zina

Und als sie heranwuchsen und Freunde

Wurden

Küsste er sie in einer Sommernacht

Und schwor ihr ewige Treue.

Zina brach in Tränen aus und konnte

Sich nicht helfen

Derart von Emotionen und Zorkos Liebe

Überwältigt zu werden.

Eines Tages sagte sie zu ihm:

‚Zorko, mein Liebster, heute Nacht

Werde ich dein sein

Und ich glaube deinen Worten und

Deinem Versprechen mich für immer

Zu lieben'.

Und sie liebten sie sich im Mondlicht

Unter der Decke eines Sternenhimmels

Wurden sie zu Mann und Frau.

Aber wie sehr er sie auch liebte und

Sich um sie sorgte

War sie noch immer ängstlich

Dass etwas ihrer perfekten Liebe

Zustoßen könnte.

Und eines Tages geschah es.

Die Welt der Dunkelheit und böser

Geister hatte sich verschworen sie

Zu entführen

Es müsste keine reine Liebe auf Erden

Bestehen.

Zorko verspürte einen Stich

Wachte auf und sah wie Zina

Verschleppt wurde

Er wurde von einem vergifteten Pfeil

Narkotisiert

Und konnte seiner jungen Braut und

Liebe nicht zur Seite stehen.

Ein junges wundervolles Wesen

Süß und Feenhaft

Eine Nymphe aus dem Feenreich

Der Königin

Eine sich zum öffnen bereite Blüte

Die nicht erlaubt war sich zu ihrer

Vollen Schönheit zu entfalten

Nicht erlaubt war ihr Leben und ihre

Liebe mit Zorko zu teilen.

Er ist zerstört durch Tage der Agonie

Und Schmerzen

Kann weder Ruhe finden noch Schlaf

Seit seine geliebte Zina verschleppt

In die Dunkelheit des Niemandslandes

Eine Gefangene des bösen und

Hässlichen Herrs der Fliegen…

Zorko muss innehalten

Geschüttelt von Emotionen denkt er

An Zina…

Sein Herz zerstochen von Schmerzen

Schreit er auf:

‚Entschuldigt meine liebe Königin

Ich habe so große Schmerzen die ich

Hier ungehindert zeigen muss

Aber lasst mich fertig sprechen

Ich brauche nur noch einen Moment…

Bald findet er wieder seine Stimme:

‚Ich habe versucht Zina zu finden'

Endet er seinen Gesang

‚Überall habe ich gesucht aber leider

Vergebens.

Ich habe die Spuren dieser Welt verfolgt

Bis ich eine gute Seele in diesem Land

Mich verwies

Sie meine Königin zu sehen und Sie

Um Hilfe zu bitten

Da Sie noch niemanden in Schmerz je

Verwiesen haben'.

Endet er und fällt auf seine Knie.

Er kann nicht seine Tränen stoppen

Die über seine Wangen fließen und in

Sein Hemd tröpfeln.

Die murmelnde Menge vom Herold zur

Ruhe gerufen

Steht wieder still und

Starrt auf den König und die Königin.

Königin Nora von der Eiswelt ist gerührt

Königin Nora ist von Zorkos Ballade tief berührt

Ihr Gesicht neigt sich und sie erhebt sich

Verlässt ihren Thron und den betrübten

König.

Steigt die Stiegen hinab zum knienden

Dichter

Mit ausgestreckten Händen hilft sie ihm

Wieder auf die Beine…

Er steht da und blickt in ihre Augen

Verspürt ihre menschliche Wärme und

Die Ausstrahlung ihres Mitgefühls.

Ihre Träne fällt zu Boden und wird zu

Einem wertvollen Juwel.

Sie dreht sich zum König und sie sieht

Dass dieser auch gerührt ist.

Sie nimmt des Dichters Hände in Ihre

Und spricht mit sanfter und

Artikulierter Stimme zum König:

‚König vom Eis' beginnt sie

‚ich bin von der Misere dieses

Unglückseligen Dichters zutiefst gerührt.

Ich möchte dass du deine Hilfe gewährst

Und deine Macht ausübst.

Dass du als mächtiger und gerechter König

Der du bist

Dieser armen und gepeinigten Seele hilfst

Seine kostbare Liebe wieder zu finden.

Stell dir vor wenn ich es wäre!

Würdest du nicht einen Berg bewegen

Um mich zurückzubekommen? '

Der König vom Eis verspürt den Schmerz

Seiner Königin

Im Mitgefühl für den unglücklichen Poeten.

Ihre Emotionen klammern sich um sein

Stark pochendes Herz.

Mit einer Geste seiner Hände findet er

Wieder seine Fassung

Während seine Königin wieder zu ihren

Thronsessel zurückkehrt.

König Noro räuspert sich und

Sein räuspern lässt den Berg erzittern.

Er kommandiert seinen Herold die Giganten

Mit den Felsgesichtern herbeizurufen…

Sobald sich der Berg vom Grollen und

Beben beruhigt hat

Erscheinen die felsgesichtigen Giganten

Mit einem mächtigem Donnergebrüll

Erheben sich diese kolossalen Pack-Man

Vom Fels

Zum Ruf ihres Kommandeurs

Des Königs vom Eis.

Nachdem sich das Beben durch die

Ankunft der Giganten wieder beruhigt

hatte

Erfasst eine Stille die Versammlung in der

Halle von König Noro.

Die Felsgesichtigen Giganten erscheinen

In der Stille nähert sich der Poet dem
König und dankt ihm für seine unmittelbare Bereitschaft
zur Hilfe für sein menschliches Plädoyer.
Er kniet mit Demut vor dem königlichen Paar
Und küsst die zarte Hand der Königin
Die wie delikates Porzellan sich aus den
Seidigen Rüschen ihrer körperbetonten und
Farbfrohen Robe erstreckt.
Und er streckt sich zu ihrer Bewegung.
Als er wieder seinen Kopf aufrichtet und
In ihre Augen sieht
Erstrahlt Ihr warmes und glanzvolles
Lächeln
Das den Schmerz in seinem Herzen
Besänftigt.

Königin Noras Träne fällt in seine leicht geöffnete
Hand –
Die sich im Reflex beim Aufprall ihrer
Träne verschlossen hatte.
Und als er sie wieder vorsichtig öffnet
Funkelt ein Diamant mit funkelndem Glitzer
Und großem Feuer in seiner Handfläche.

‚Behalt es für Zina' flüstert die Königin

‚Das wird sie zurückbringen!

Aber gib es ihr nur wenn sie die

Torbögen der Unterwelt hinter sich

Gelassen hat'…

Ein langsam aufsteigender Nebel füllt

Die Halle.

Mit Königin Noras letzten Worten entschwindet das

königliche Paar

Vor den Augen des Poeten.

Königin Noras Diamanten-Träne

Zorko findet auf einem Hang des

Großen Berges

Gebettet auf einem Teppich von

Smaragdgrünem Gras.

Farbfrohe Köpfe einer Myriade von

Blumen...

Richten sich der strahlenden und

Lebensspendenden Sonne entgegen.

Der Morgentau glitzert noch

Zwischen ihren Blättern

Wie der wertvolle Diamant den

Er gerade noch gesehen hatte.

Er sieht noch die Szene die er

Geträumt hatte:

Wie er ein sein Liebeslied der

Königin vom Eis vorgesungen

Hatte.

Sofort sucht seine rechte Hand

seiner Hosentasche und

Seine Finger spüren die großen

Polierten Facetten des großen

Tropfen-geformten Diamanten

Eine gefrorene Träne der

Königin Nora –

Sein Geheimnis mit der er seine

Geliebte Zina von den Klauen

Des Cerbo…

Der Wache des Niemandslandes

Retten kann.

Er wagt nicht das Juwel herauszuholen

Um einen guten Blick darauf zu werfen

Es könnte jemand beobachten und

Seinen geschätzten Kristall ausforschen

Bereit seinen Besitz zu stehlen

Alle seine Chancen zu vernichten

Um jemals seine Liebe wieder zu sehen

Und zu retten – ZINA.

Er streckt sich und erwacht

Berührt sein Gesicht um zu spüren

Dass er noch am Leben ist

Als ob er von der Magie der Unterwelt

der Träume entwichen wäre.

‚Wo ist meine geliebte ZINA? Schreit er

Wie werde ich sie nun finden?'

Lamentiert er.

Dann nimmt seine Lyra und

Beginnt das Lied zu singen

Welches er schon für die Königin Nora

Komponiert und gesungen hatte:

Über seine wachsende Liebe

Als er Zina zum ersten Mal begegnete.

Eine Depression ergreift ihn und

Tränen formen sich in seinen Augen

Als er bei der Stelle vorbeigeht

Wo sie sich allererst liebten.

Und plötzlich aus dem Nichts

Erfassten Zina dunkle Mächte

Sie schrie auf

Ihr Gesicht vom Schmerz gezeichnet

Mit Angst erfüllt

Verstört und gequält

Er warf sich vergeblich nach ihr

Seine Arme plötzlich gelähmt…

Zinas Entführung

Zina wurde ihm plötzlich entrissen

Verzweifelt streckten sich ihre Arme

Nach ihm.

Sie verwandelte sich in eine weiße

Wolkenartige Figur

Und löste sich vor seinen Augen auf.

Sein Herz begann zu bluten

Seine Lieder waren sein Heulen

Er muss nun leben um seine traurige

Geschichte zu erzählen und er begann

Mit solchem Schmerz und solcher Agonie

Zu singen

Mit solch tiefer Liebe und Passion

Dass sein Lied Firmament und Erde

erschütterte.

Und der Himmel weinte Tränen

Und der Planet Erde begann sich zu

Verändern:

Die Tränen wurden zu Flüssen

Und Flüsse zu reißenden Strömen

Die die ganze Erde überschwemmten

Die Berge bebten und schluchzten

Die Giganten erhoben sich und spalteten

Die Erde

Entblößten die Torbögen des finsteren

Und flammen-flackernden Niemandslandes.

Zorko dachte dass dies seine allerletzten

Gedanken wären

Als die Erde sich zu Regengüssen und Stürmen

Schüttelte und die Erdkruste sich unter seinen

Erschrockenen Füßen bewegte.

Da war Feuer und Eis

Und die Flammen züngelten derart heftig

Und wild auf

Dass sie sein tränenüberdecktes Gesicht versengten.

Mit einem riesigen Krach sprengte der

Berg seinen Gipfel

Pustete Feuer und Asche und

Bedeckte die ganze Erde.

Verschwunden waren die Blumen und

Die grünen Wiesen

Das Wild war erstickt.

Zorko schloss seine Augen und hielt

Seinen schwindenden Atem an

Er dachte sein Ende ist hier

Aber mit großer Intensität begehrte er

Zina zu sehen

Und dachte an nichts anderes mehr.

Er hielt Königin Noras Diamant in

Seiner Hand umklammert und dachte

Dass er Zina

Die weit hinter den Torbögen war

Damit retten müsste

Und sie ferner die fürchtenden Torbögen

Des Niemandslandes passieren müssten

Wie Königin Nora es gesagt hatte.

Sein Glaube an die Worte der Königin

War unerschütterlich stark

Sie machten ihn standhaft.

Die feurig-wütende Selbstzerstörung der Erde

Konnte ihn weder erschüttern

Noch im Geringsten erschrecken.

Dunkle Gestalten huschten aus dem

Hintergrund von Rauch- und Schwefelwolken

Und brennender scharfen Asche.

Ein dunkelgrauer Schatten erfasste seine

Linke Hand und zog ihn entlang in die Ferne

Und dem Anblick der Torbögen des Niemandslandes

Zu den Kavernen und den Klippen.

Der gewundene Weg war mit Visionen

Des Todes ausgefüllt

Mit hexenartigen Bildern der Hässlichkeit

Die ihn erschauern ließen

Seine rechte Hand verlor nie den Griff auf

Dem Lebensrettenden Instrument

Des tränengeformten-Diamanten.

Es war eine harte und ermüdende Reise

Mit vielen Höhen und Tiefen

Auf einem mit Felsbrocken übersäten Weg

Wo niemand passieren konnte

Wo viele Sirenen mit ihren verführerischen

Tänzen

Nach ihm greifen und ihn in ihre

Schwach-beleuchtete Höhlen der

Fleischlichen Lüste locken würden

Ihm ewiges Wohlbefinden und eine

Paradiesische Lust versprachen

Wie niemand sie auf der Oberwelt jemals

Genießen würde.

Seine Lyra war auf seinem Rücken

Geschnallt

Und süße verführerische Töne strömten

Von ihr

Von gewandten Fingern gestreichelt

Von Händen der Nymphen

Fingern einer Königin...

Da er gerade die Hände von Königin

Nora erblickte.

Sein Verstand begann Tricks zu spielen

Und er konnte seine Reise nicht mehr

Fortsetzen...

Er sah viele Gesichter von Frauen

Um ihn herum

Die sein Gesicht streichelten

Seine Lippen küssten

Und er spürte wie er erregt war

Durch ihre intimen Berührungen

Und als die Szene sich intensivierte

Er sich überfallen und verschlungen

In den See von sexuellen Lüsten

Hineingezogen fühlte

Konnte er sich nicht länger wehren

Und diese bekämpfen und er

Kollabierte.

Er wurde ohnmächtig.

Das letzte Bild das er sah war

Von der Königin Nora

Als er sie festhielt und ihre

Geöffneten Lippen küsste..

Er erwachte und fühlte sich schwer

Wie ein Stein vom Himmel gefallen

Sein Kopf verbunden

Gesumme von Bienen in seinem

Schmerzenden Kopf.

Da war Gemurmel und das Geräusch

Von fließendem Wasser in der Nähe.

Zorkos Verführung

Er erhob sich und blickte durch

Vorhänge aus blauen Spitzen

Auf einen Wasserfall der in ein Bassin

Stürzte

Wo junge Mädchen badeten.

Aber da im Hintergrund

Und es mag ein Traum sein

Sah er Zina!

Und er schrie laut auf

Aber er hatte seine Stimme verloren.

Er sah sie im Strahl des Wasserfalles

Ein Bad nehmen.

In ihrer Nacktheit war sie unschuldig

Aber edel wie eine Königin.

Er war sich aber nicht sicher ob sie

Es wirklich war

Das Bild änderte sich alle drei Sekunden

Er fiel auf ein Bett und kroch unter ein

Schützendes Leintuch und fiel in einen

Tiefen heilenden Schlummer.

Zorko erwachte als die zarten Hände einer

Jungen Frau seine Bandagen wechselte

Und sie sich um seine offenen Wunden

Kümmerte.

‚Du bist fast gestorben'. Deutete sie ihm

Mit Händen und ihrem Gesicht an

Da sie stumm war.

Dann schrieb sie auf einen Block:

‚Plötzlich bist du von einer Windböe

Vom Weg weggeblasen worden und

Fielst in eine tiefe Schlucht.

Die lokalen Amazonen haben dich

Gefunden

Haben Erste Hilfe geleistet und sie

Brachten dich zu ihrem Zeltlager

Und ihr Anführer erschien.

Die befahl dich zum Zelt der Ärztin

Zu bringen'.

Die junge Pflegerin die sich um ihn

Und seine Wundheilung kümmert

Schreibt auf ihrem Block dass er

Sehr gut heile.

Und er würde bald geheilt sein.

‚Wie heißt du?‘ fragte er.

Sie schrieb auf ihren Block: Stella.

‚Das ist ein schöner Name‘. Sagte er.

Sie lächelte und schrieb ihm noch eine

Freundliche Willkommensnote.

Er hatte noch viel mehr Fragen als

Antworten

Die aber Stella nicht beantworten

Konnte. Sie schrieb auf ihren Block:

‚Ich werde alle deine Fragen, zusammen

Mit deinem Fortschrittsbericht meiner

Herrin – Ama –

Königin Niemandsland-Amazonen

Überbringen wenn sie uns empfängt'.

Er nickte…

Dann schloss er seine Augen.

Zorko spielt und singt für Ama

Königin der Amazonen

Stella begleitet Zorko zur Königin Amas Audienz.

Die Halle war mit kräftigen und muskulösen

Jungen Frauen bevölkert.

Alle standen still und schwiegen

Als Königin Ama

Von zwei Leoparden begleitet

Sich auf ihren Thron setzte.

Ama fragte den Poeten für den Grund

Warum er versuchte in dieses gefährliche

Tal vorzudringen

Und er ersuchte um ihre Erlaubnis für sie

Zu singen, als eine schöne Maid ihm

Seine Lyra brachte.

Sofort begann er sein Liebeslied das er

Königin Nora schon gesungen hatte.

Die Ballade erweckte in den Frauen Gefühle

Über die sie bisher nichts wussten

Sogar die Kriegerfrauen vergaßen eine

Träne

Er rührte den ganzen Stamm

Die Tiere und die Karnivorer Bestien.

Das Niemandsland drehte sich und

Weinte

Die Flüsse schwollen an und überfluteten

Das Land.

Königin Ama musste den Bard stoppen

Nachdem sie seine herzzerreißende

Geschichte gehört hatte und

Befehligte ihre persönliche Garde ihn

Zu dem Weg zu begleiten den er suchte

Und um seine Richtung zum Herrscher des

Niemandslandes zu finden.

Königin Ama gab ihm guten Rat und sah

Dazu dass er seine gereinigte Kleidung

Erhielt und seinen tränengeformten

Diamanten.

‚Bevor du gehst, lieber Barde'. Sagte sie.

‚Nehme einen erfrischenden Trunk'. Dann

Ließ sie ihn gehen damit er seinen Schatz

Zina finden würde

Die er so liebevoll der Königin Ama

In seinem Lied beschrieb.

Er kann sich nicht an alle Plätze erinnern

Denen er noch auf seinem langen und

Ausgedehnten Pfad begegnete

Da Königin Ama ihm einen Trank

Gegeben hatte

Der sein Herz und seinen Geist stählte

Die verführerischen Sirenen abwehrte

Hielt die vielen Fallen durch die ‚Gärten

Der Lüste' in Schach

Und die Begierde von den vergifteten

Früchten zu essen

Die jeden der sie aß in einen Zombie –

Einen geistlosen Feigling verwandelte.

Schließlich als seine Füße schmerzten

Wie im Feuer

Gleich seinem inneren Kummer

Erreichte er die Pforten der Hölle.

Das Portal mit roten und glühendem

Feuer züngelte ihm zwischen den

Stahlstangen entgegen

Verbot jedem den Zutritt

Außer wenn der Tyrann es befahl.

Hass – der Wachposten der Pforte

Starrte ihn mit seinen roten Augen an.

Der Poet nahm seine Lyra und intonierte

Sein Liebeslied und alles stoppte.

Die Feuer verlöschten und kühlten aus

Der Wachposten mit offenem Mund gaffte.

Der Tyrann befahl den Wachposten – Hass – den Bard zu

ihm zu schicken

Da er wünschte sich sein Plädoyer anzuhören. Aber als die

Zeit verging wurde der Poet

Schläfrig

Sank Zorko auf seine Knie und

Schlummerte ein.

Zorko im Labyrinth des Niemandslandes gefangen

Ein Abgesandter vom Tyrannen Hinod –

Herrscher des Niemandslandes –

Weckte ihn

Um sofort auf dem Hof von

König Hinod zu erscheinen.

Der Bard Zorko sammelte sich

Richtete sich seine Kleidung

Wusch sein Gesicht im nahen Brunnen

Präparierte sich für dieses wichtige

Treffen mit der feindlichen Menge.

Er muss nun aus allen Gründen ruhig

Bleiben

Gefasst sein und ein Meister über seine

Aufflammenden Emotionen werden

Um erfolgreich zu werden.

Er betet zu seiner Muse

Und das Summen seines Liedes

Hilft ihm auf dieser letzten Station

Seiner Suche und ermächtigt seine

Füße um es durchzustehen und

Nicht ins Wanken zu geraten

Wenn seine Aufgabe zu guten Früchten

Werden könnte

Sein Wille zur äußersten Ausdauer getestet

Würde

Zweifel und Furcht in seinen Verstand und

Körper befallen könnten

Gerade zu einer unpassenden Zeit.

Er betet und murmelt und bettelt

Und krabbelt um seinen erregten und

Geprüften Geist zu ordnen

Seine Seele zu besänftigen

Sein Herz von jedem Zweifel zu bereinigen.

Seine Muse kommt leise auf Flügel

Unsichtbar zu all den Schicksalsverfolgten

Den vielen Schaben artigen Kreaturen

Den wilden und verschreckten Tieren mit

Menschlichen Gesichtern

Den Verstoßenen und dem

Abschaum der Erde.

Die Reise ins Niemandsland wird niemals

Enden

Vielleicht wurde deshalb der Name gewählt

Und Zorko dachte dass er niemals zu den

Türen König Hinods dunklen schimmernden

Schlosses kommen würde

Welches völlig aus Kohle gemacht war.

Da war diese Hürde zum Eingang

Welche eine Kreatur mit Ziegengesicht

Scheinbar bewachte.

Mit einer ausdruckslosen Gebärde

Rührte es sich nicht ein bisschen

Zorko wollte sie hänseln und ein

Ziegenmeckern imitieren…

Aber ein plötzlicher Windstoß hielt

Ihn davor zurück.

Das Reich des Tyrannen Hinod

Ist dunkel und reich an anthrazitfarbenen

Schattierungen in dessen amorpher Masse

Erschreckende Tier-Mensch-Gesichter

Aus dem Nichts auftauchen.

Zorko hat Schauder an seinem Rücken

Auf und ablaufen.

Die weiße Ziege mit dem schwarzen Kopf

Erschien ohne Kopf in der ansetzenden

Dunkelheit.

König Hinods Palast aus Kohleblöcken

Die Ziege reagierte weder zu einer Ansprache

Noch zu einem Appell.

So begann Zorko der Bard zu singen.

Er sang sein Lied welches er in seinen

Träumen singen konnte

Über seine Suche Zina zu finden

Seine Liebe die ihm so brutal und gemein

Entführt wurde

Während ihres zärtlichsten Moments.

Er singt mit solch einer Passion für seine

Liebe

Sodass sogar die tiergesichtigen Kreaturen

Sich zusammenkauern und gerührt sind.

Und plötzlich erscheint König Hinods Bote

Beim Tor zum schwarzen Palast

Findet den singenden Poeten und

Erhebt seine Hand mit einer Geste

Ihm unmittelbar zu folgen.

Dann lässt ihn der Bote mit emphatischen Gesten wissen

Dass König Hinod von der dringenden Bitte

Des Poeten hörte

Aber sich selbst davon überzeugen wollte

Dass Zorko auch wirklich Himmel und Erde

Mit seinem eindringlichen Liebeslied

Bewegen konnte.

Könnte er dasselbe auch mit dem

Niemandsland erreichen?

Die große dunkle Halle glüht in der Hitze

Ihrer Feuer

Da es zunehmend kalt ist wo der Poet

Gehen muss und die geisterhaft beleuchtete

Szenerie des schwarzen Palastes zu Erreichen

Wo der Herrscher des Niemandslandes für seine Audienz

zur Visite erscheint

Und auch für die Versammlung der Geister

Der Hexen und der mumifizierten elenden

Kreaturen die sich rundherum in der Halle

Im Gemurmel versammelt haben.

Plötzliche Stille herrscht als die dunkle

Figur des Tyrannen erscheint

Gekleidet in einem purpurnen Mantel

Sein Gesicht hinter einer losen Kapuze

Verhüllt.

Hie und da spiegelt sich ein Glanz von seinen

Dunklen und stechenden Augen

Die Blitze von den offenen Feuerstellen

Reflektieren.

Seine dunkel-düstere Erscheinung passt zu seiner

künstlich-metallischen Stimme

Als er den Poeten ruft.

‚Du bist Zorko der bekannte Barde?

Beweise wer du wirklich bist!'

Seine Stimme sendet Kälteschauer durch

Die Rücken aller Anwesenden

Einschließlich Zorkos

Der sich jetzt auf seine Vorbereitung Konzentriert.

Nimmt die Lyra von seinem Rücken und

Begibt sich in seine bevorzugte Position

Sein linker Fuß auf einen Schemel gesetzt

Mit gebeugtem Knie

Streicht er mit seinem Bogen über die

Seiten seiner Lyra.

Die Versammlung ist nun totenstill

Als er die ersten Akkorde intoniert.

Die Wörter die sein Lied gestalten

Die dunklen Wälder rundherum

Erfassen

Wie das Wild und auch die Steine

Das Volk und Frauen es berührt

Die Künstler und die Könige

Wie einst Königin Nora es zutiefst

Erfasst

Die ihre wertvolle Träne ihm gab

Zina zu retten!

Für sie nun würde er sein Äußerstes

Geben

Und sein bestes zu singen.

Seine Stimme ist weich und flehend

Und sie weint

Als er über seine Suche singt

ZINA – seine einzige Liebe –

Wieder zu finden

Die von den Schattengespenstern

Des Niemandslandes entführt wurde.

So schien es ihm.

Sie und ihr liebenswürdigstes Lächeln

War für ihn alles was er wirklich hatte

Und er sie doch so inniglich liebte

Dass er nun König Hinod bitten wolle

Sie doch freizulassen

Sodass sie mit ihm zur Oberwelt

Zurückkehren könnte

Wo sie zufrieden war und in seiner Liebe

Baden konnte

Sie aufblühte…

Aber jetzt erblassen müsste

Wie eine sterbende Pflanze.

Er ist derart unglücklich als er singt

Über die Blumen und das Wild

Das Glück in der Natur und die Chance

Jemanden zu haben den man liebt.

Liebe erobert alles und lässt ihn Elend und

Schmerz ertragen

Und er würde an den Pforten König Hinods

Sterben

Wenn er Zina

Sein Juwel

Das Licht seiner Augen

Nicht zurückhaben könnte.

Er setzt fort

Ihre Schönheit und ihren Charme

Zu loben…

Ihre Beschreibung ist liebevoll und berührt

Die Versammelten

Die dunklen und hässlichen Kreaturen

Die Schatten der Nacht

Die Gruppe von ekelhaften Hexen scheint

Sich sogar durch sein selenfesselndes

Liebeslied verletzt zu fühlen…

Es ist alles was er verlangt:

Nur mit seiner Liebsten zu sein und

Egal wo er hingehen sollte

Und was er noch zu tun hatte

Er würde alles ertragen

Nur um Zina zurück zu bekommen.

Die Geister die um ihn herum waren

Standen still.

König Hinod rührte seinen Arm

Und alle schwiegen

Wie aus Überraschung eingefroren

Als aus der Finsternis eine in weiß

Verhüllte Figur

Statuenhaft

Etwas gebeugt

Hervorkam.

Zina erscheint Zorko beim Letzten Akkord seines
Liebesliedes vor dem Herrrscher Hinod spielt.

Zur Vorderseite zu schweben schien

Die Menge zu Murmeln begann

Und als Zorko sie gebannt ansah

Dann ihr Kleid erkannte und

Laut aufschrie: ‚Zina!'

‚OH …ZINA!'

Mit einem Kommando seines

Erhobenen Armes gebot der König

Sofortige Ruhe.

Die Arme des Poeten wollten sie nehmen

Sein Herz jubelte mit schnellerem Pochen

Er konnte seiner Freude die er plötzlich

Verspürte

Keinen Ausdruck geben

Aber er beendete seinen Gesang mit einem

Glücklichen Akkord…

Da war ein Geräusch wie Sausen

Von Windstößen

Die Feuer verloschen

Die ganze Szenerie von Tiermenschen

Hexen

Geister und Kreaturen

Verschwand in einen weißen

Nebelartigen Rauch und

Er konnte Zina nicht mehr sehen

Er war es auch nicht erlaubt.

Und er stand zu seinem Versprechen

Sich nur auf den Pfad zurück zu kümmern

Zu den Torbögen des Niemandslandes

Zu gelangen

War alles was ihn nun kümmerte…

Er vermutete dass Zina ihm folgte und er

Getraute sich nicht einmal ein Lied zu

Summen der ein Wort zu sagen

Er sprach nur mit seinem Herz und seinem

Verstand

Ging weiter

Ungestört von eigenartigen Geräuschen

Und er stopfte sich Wattebäusche in seine

Ohren.

Aber bald hatte er Bedenken und echte

Zweifel nagten am Inneren seines Herzens

War dies alles nur eine Illusion?

War sie wirklich hinter ihm?

Da er weder ein Geräusch hören konnte

Noch die Schritte ihrer Füße

Auch wenn er seine Ohren säuberte.

Nun. Er hatte diese Neugier zu bekämpfen

Die nun immer stärker und stärker wurde

Und seinen Verstand bedrängte

Und er beschleunigte seine Schritte

Wünschte sich dass die Torbögen des

Niemandslandes näher kommen würden.

‚Schneller. Schneller...'

Murmelte er zu sich.

Aus dieser Distanz konnte er die Bögen

Manchmal sehen

In einigen Öffnungen des Nebels und

Den stark ziehenden Wolken.

Er zwickte sich um nicht einzudämmern

Und sich zu beeilen

Mit dieser Aufgabe weiterzumachen um

Sein Ziel zu erreichen

Und Zina zurückzubekommen.

Er musste standhaft sein was für immer

Der Preis war den er zahlen müsste.

Je mehr er wünschte dass die Torbögen

Schon da wären

Desto mehr zweifelte er daran dass er sie

Vor der Dunkelheit noch erreichen würde

Und er spürte Panik aufkommen.

Große Schweißperlen formten sich auf

Seiner Stirne

Und er sah die Königin vom Eis vor sich

Und er beobachtete sich wie sie ihm ihre

Träne gab

Die sich in den tropfenförmigen Diamanten

Verwandelte

Dem kostbaren Stein mit magischen Kräften

Der Zina von den Fängen des König Hinod

Und den Niemandsland-Schattengeistern befreien sollte.

Er sah das Gesicht der Königin Nora mit ihrem

Ausdruck von echtem Mitgefühl

Das ihm erneuerte Hoffnung und Kraft verlieh Um

weiterzugehen ungeachtet seiner Zweifel.

Plötzlich in sein Nachdenken über seine Suche

Zina zu retten – Sein Juwel –

Öffneten sich plötzlich die Torbögen

Des Niemandslandes vor ihm

Und begierig schritt er durch die

Torbogen mit seiner letzten Kraft.

Als er sich umdrehte sah er wie Zina unter dem

Letzten Torbogen auf einem Stein ausrutschte

Und nicht im Stande war durchzugehen.

Zorko eilte zurück und nahm sie in seine Arme

Zog sie durch die Torbögen und verhütet sie

Vom zurückrutschen und für immer verloren

Zu sein.

Mit seiner rechten Hand nahm er den Diamanten

Aus seiner Hosentasche und mit einer schnellen

Bewegung hielt er sie und hing das gefädelte Band

Um den Kopf Zinas damit der Stein auf ihrem

Hals ruhte und

Als er sie innig umarmte

Begann sie sich aufzulösen.

Sein Herz blieb stehen.

Er schrie auf! NEIN…

Langsam verwandelte sie sich in eine

Weiße Wolke und noch sagte:

‚Ich liebe dich Zorko…für immer'.

‚ZINA' schrie er ihr nach…

Verzweifelt.

Unaufhaltsam…

Damit verschwand sie

Wie der Morgennebel

In seinem auflösenden Tanz…

Die Erde erbebte als Zina davonwirbelte.

Und Zorko fiel auf die Knie

Von einem Felsbrocken getroffen

Der vom Torbogen herunterfiel.

Zina und Zorko unter den Torbögen zum Niemandsland

Pandämonium brach aus

Als sich die Streitkräfte des Eises

Die Armee des Niemandslandes

Bekämpften.

Zorko wurde als tot zurückgelassen.

Die Torbögen wurden zerstört

Der Eingang zum Niemandsland war blockiert

Und verschwand.

Blitze und Donner brachen über die beunruhigte Welt

herein

Und die Flüsse schwollen an und wütende

Reißende Ströme rissen alles weg aus ihrem Pfad

Zerstörung herrschte wieder.

Zorko war nirgendwo zu sehen und trotzdem

War da irgendjemand zugegen:

Ein Schafhirte sah ein Licht auf dem Gletscher

Des großen dunklen Berges

Ein Lichtstrahl mit zwei weißen Figuren

Die Hand in Hand davonschwebten

Und eine sehr nachhaltige Musik strömte

Aus den Berghöhlen

Gleich nach einem fürchterlichen Unwetter.

ZINA UND ZORKO VEREINT

Der Hirte fand einen Diamanten

Tropfenförmig

Mit ungewöhnlichem Feuer

Mit einem großartigen Farbenspiel

Wenn die Sonne auf die vielen polierten

Facetten schien.

Er rühmte sich über sein großes Glück

Fasziniert mit dem funkelnden Diamanten

Übersah er einen Bären der sich ihm

Näherte.

Als der Bär knurrte war es für den Hirten

Zu spät davonzulaufen

Erschrocken vom attackierenden Bär

Fiel ihm der Diamant aus der Hand.

Der Berg Bär tötete den unglücklichen

Burschen.

Ein vorbeiziehender Wanderer fand

Den großen wertvollen Stein und nannte ihn

‚Träne der Königin'.

Da er den Diamanten nahe des Palastes

Des Königs vom Eis fand und er sich sehr

Bewusst war über die Geschichte von Zorko

Und dessen Suche seine geliebte Zina

Zu finden.

Er vermutete dass Zorko mit Zina vereint

Wurde durch die ‚Träne der Königin

Die Zina als kostbares Geschenk wieder an die Königin

zurückgegeben hatte

Da sie Zorko alle anderen Besitztümern

Vorzog.

Das war ihr Wunsch mit ihm vereint zu sein:

Für immer Liebende im Land vom ewigen Eis.

Heutzutage kann man das Nationale Museum

Für Arts & Crafts besuchen

Um die ‚Träne der Königin' zu besichtigen.

Doch viele solche Diamanten gibt es

Da die meisten Länder mit einer Königin

Einen dieser Art in ihrem Zepter haben.

Aber wann immer man in die Höhlen zum

Ewigen Eis in den gigantischen Bergen

Betritt und man Glück hat

Kann man Zorko spielen hören.

Aber man muss verliebt sein um sein

Liebeslied zu hören, welches er für Zina

Komponiert hat.

Und die lokalen Einwohner erzählen

Dass man ein Echo um das Osterfest

Hören kann wie es in dem Riesengebirge

Durch die Höhlen nachhallt.

Fin.

Anmerkung zum ‚König vom Eis‘

Die Geschichte der Komponenten, die maßgebend die
Basis für die Geburt der poetischen Legende, *König vom Eis*
maßgebend waren, geht auf eine längere Zeitspanne
zurück.

Als meine Schwiegermutter uns in Südafrika besuchte, wo
wir viele Jahre verbrachten, nahmen wir Sie auf eine
Rundreise durch das Land mit. Wir fuhren durch die
Karoo nach Kapstadt. Von hier entschieden wir uns für
eine Fahrt entlang der ‚Garden Route‘, und hielten bei den
weltbekannten ‚Kango Caves‘ an. Da sie sich bei dieser
Gelegenheit an ihren Vater erinnerte, einem
Naturgeschichtslehrer, erzählte sie uns über seine
Entdeckung der prähistorischen Höhle im Loser, im Toten
Gebirge, in der Steiermark, in Österreich.

Seine Funde von prähistorischen Höhlenbär Schädeln und
Knochen war spektakulär, und er verbrachte viele
Wochenenden um seine Funde zu bergen, unermüdlich,
öfters Tag und Nacht. Er kroch allein in den Höhlen des
Berges herum, seine Kalksteinstrukturen durch Ströme
vom schmelzenden Eis ausgehöhlt.

Nach dem präparieren der Funde in seinem Haus, rekonstruierte er einen Höhlenbären, dessen riesiges Skelett man im Museum in Bad-Aussee besichtigen kann. Während meine Schwiegermutter mit mir die Kango Caves besichtigte, hat mich ihre Geschichte nicht nur fasziniert, sondern regte meine Fantasie an während wir zwischen Stalagmiten und Stalagtiten herumwanderten. Später, bei einem unserer Besuche in Österreich, zeigte mir meine Frau die ‚Dachstein-Rieseneishöhlen' – wo uns die eindrucksvoll-gefrorene Landschaft mit der Lumineszenz der Eiszapfen aus Stalagmiten- und Stalagtiten in Vorhanggebilden faszinierte. Das farbige Display durch Effektbeleuchtung legte noch eine Schichte von unvergesslichen Bildern dieser Eisweltatmosphäre auf die Sammlung photographischer Szenerien in die Kollektion meines Gedächtnisses.

Viele Jahre später, während einer Reise zu den Kanarischen Inseln überlagerte die halb-tropische Insel von Gran Canaria eine weitere Schichte von Bildern in mein Gedächtnis. Es war über die Schöpfung der Insel durch ihre Entstehung aus dem Meer, durch den Vulkan Teide.

Der kreative Prozess, der durch eine lange Reise eine reiche Quelle an Bildern angereichert hat, die im Schmelztiegel meiner künstlerischen Existenz köchelten. Schlussendlich als ich wieder eine Serie von Fotographien von den ‚Rieseneishöhlen' entdeckte, begann ich einige Szenen zu zeichnen, die meine poetische Legende visuell bereichern sollten.

Ich habe den Text in einer poetischen Form über meine Erfahrungen in Höhlen geschrieben. Als die Inspiration zu mir kam, schrieb ich diese Geschichte in einem Wurf. Ein sehr glücklicher Moment für jeden Poeten, und ein zugängliches Werk für alle.

Ich wünsche allen meinen Lesern, jungen wie Erwachsenen, und auch den Älteren, glückliches und angenehmes Lesen.

Z J Galos

Weitere Bücher vom Autor

In deutscher Sprache:

Die Mühle unterm Schloss -

Zols sentimentale Erziehung.

(Aus dem Englischen übersetzt)

Zoras Fehler-

Das Potential eines versteckten

Irrtums.

(Aus dem Englischen übersetzt)

In Arbeit bei BoD:

Beide Romane erscheinen in Kürze in

Deutsch und Englisch.